AF312552

L OVIS par la grace de Dieu, Roy de France & de Nauarre, A noz améz & feaux les sieurs d'Arquancy Conseiller en nostre Conseil d'Estat, & President en nostre Cour des Aydes de Roüen. Les sieurs de la Ferté, Bertout, Duperron, Bouteran & Bigot, Conseillers, & de saincte Oportune nostre Aduocat general en nostredite Cour des Aydes, Salut. Nous pour l'entiere cognoissance que nous auons de vos integritez, suffisance & grande experience : Vous auons commis & deputez, commettons & deputons par ces presentes, pour proceder à l'execution de noz Edicts du mois de Decembre, mil six cens dix-neuf, & mois de Feurier dernier, enregistrez en nostredite Cour, le neufiesme iour du present mois. Et suiuant nostredit Edict du mois de Decembre dernier, faire par quatre de vous en l'absence des autres, Vente & reuente à faculté de rachapt perpetuel des Greffes des Eslections & places de Maistres Clercs desdictes Eslections du ressort de nostredicte Cour, conjoinctement ou separément, felon qu'il fera aduifé pour le mieux par vous dits Commiffaires, au plus offrant & dernier eucheriffeur, par vente, reuente, fimples encheres, tiercemens ou doublemés, pour iouyr par chacun des acquereurs defdits Greffes & places de Clercs, tant des anciens droits, profits, reuenus & émoluments y appartenants & attribuez, que des fix deniers & deux deniers pour liure à eux auffi attribuez par noftredit Edict : Sçauoir aufdits Greffiers fix deniers, & aufdites places de Clercs deux deniers, de tout ce qui fera impofé & s'impofera cy apres, en vertu de nos lettres Patente, &de nos fucceſ. feurs Roys. Mefmes que lefdicts Maiftres Clercs ayent entrée és Chambres du Confeil defdictes Eflections, à ce qu'ils puiffent cognoiftre tout ce qui fe fera & ordonnera par les Officiers, & que le Greffier ne pourra figner aucune expedition, que le collationné du Maiftre Clerc n'y foit mis, & celuy qui en fera la deliurance, fera tenu de refpódre des droicts de l'autre, & luy payer iceux dans le mefme iour de ladicte deliurance, fi autremét n'eft accordé entr'eux, fans pouuoir eftre troublez ny empefchez, pour quelque caufe que ce foit, ny lefdicts acquereurs, leurs hoirs, fucceffeurs, & ayans cause depossedez, qu'en les rembourçant comptant, & a vn seul actuel payement des deniers qu'ils auront payez pour ladicte acquisition, suiuant les contracts d'adjudication qui leur en seront faicts par vous dicts Commissaires, fraiz & loyaux cousts. Et ne pourront les anciens acquereurs desdites charges estre aussi depossedez, qu'ils ne soiét rébourçez des deniers par eux actuellement payez en nos coffres, pour leur acquisition ou deüe consignation d'iceux aux termes de nos Ordonnances, en cas de saisie ou autre empeschement procedant de leur faict, & de leurs fraiz & loyaux cousts. Et sera le prix de l'adjudication desdicts Greffes & places de Maistres Clercs par les nouueaux acquereurs, mis és mains de nostre amé & feal en nostre Conseil d'Estat, & Tresorier de nostre Espargne, Maistre Thomas Morant sieur du Mesnil, & par ses quittances ou du porteur d'icelles, dans le temps & par les voyes qui seront ordonnées ausdicts acquereurs par vous dits Commissaires. Sur lesquelles quittances, vous ordonnons expedier lesdits contracts: En vertu desquels contracts & quittances, ils seront mis en possession & iouyssance des charges y declarées par les Officiers desdictes Ellections, ausquels mandons de

ce faire sans difficulté. C o m m e aussi suiuant nostredict Edict du mois de Feurier
dernier, faire ainsi que dict est, par quatre
de vous en l'absence des autres, vente & reuente en heredité des offices de Greffiers,
tant anciens qu'alternatifs, creez par nostredit Edict, en tous les Greniers & Maga-
zins a Sel du ressort de nostredicte Cour,
aux gages, droicts, profits, reuenus & émo-
lumens attribuez ausdits anciens Greffiers,
tant par les Edicts de leur creation que de-
clarations subsequentes : Et au droict de
douze sols six deniers pour Minot, & autre
mesure à l'équipolent, du Sel qui se vendra
en tous nosdicts Greniers & Chambres, eu
iceluy compris le droict duquel lesdicts anciens Greffiers iouyssent à present, à partir
tous lesdits gages & droits également entre
l'ancien & alternatif desdits Greffiers, tant
en exercice que hors iceluy, & prendre lesdits droits par leurs mains à chacune ouuerture de Grenier, où par celle des Grenetiers ou Commis à faire la recepte desdicts
Greniers, sans qu'ils soient tenus en rendre
compte, non plus que des anciens droicts
desdicts Officiers, à la charge neantmoins
que les proprietaires desdicts Greffes anciens, ne pourront estre depossedez, qu'ils
ne soient au prealable rembourçez de la fi-

nance qu'ils verifieront par deuant vous
auoir payée en nos coffres , tãt pour le principal defdits Offices que droits y attribuez,
enfemble de leurs fraiz & loyaux coufts felon la liquidation qui en fera par vous faicte:
Lequel rembourfement faict, ou deüe con-
fignation d'iceluy , aux termes des Ordonnances , en cas d'oppofition ou empefchement , procedant du faict defdits Greffiers,
Vous en ferez les adjudications au plus offrant & dernier encheriffeur, fur les encheres , tiercemens & doublemens qui feront
mis par deffus le prix principal , qui fera par
vous conftitué pour chacun defdits offices,
prenant pied fur la venre du Sel qui fe faict
ordinairement au Grenier de leur eftablif-
fement. Pour les deniers qui prouiendront
de la vente & reuente defdicts Offices eftre
payez, & mis és mains de noftre amé & feal
Confeiller & Treforier de nos parties Cafuelles , Maiftre Nicolas Seruient ou du
porteur de fes quittances : Sur lefquelles
pafferez aufdits acquereurs les contracts de
vente & adjudication foubz la faculté de
rachapt perpetuel , pour en vertu d'iceux
eftre mis en poffeffion & paifible iouyffance, par qu'il appartiendra, & fans que lefdits
acquereurs puiffent eftre depoffedez de la
iouyffance defdits Offices, que en les rem-

bourçant comptant & à vn seul payement, des deniers qu'ils aurôt actuellement payez en nos coffres, & de leurs fraiz & loyaux coults. Et a faute de payer par tous les acquereurs les choses contenuës en nosdicts Edicts, le prix de leurs adjudications au temps qui leur sera ordonné, sera par vous procedé de nouueau à la vente desdits Offices a leur dechet & folle enchere. Voulons que les ventes, reuentes, adjudicatiós, establissemens, verification de finance, & autres actes qui seront par vous faicts en execution de nosdicts Edicts, soient de tel effect, force & vertu que si faicts estoient en nostre Conseil, & les auons dés à present validez & ratifiez, validons & ratifions par ces presentes : Prometans en foy & parole de Roy auoir pour agreable, tenir ferme & stable à tousiours, tout ce qui sera par vous faict, geré & negotié, en execution de nosdits Edicts & des presentes, circonstances & dépendances, sans souffrir y estre contreuenu en aucune sorte & maniere que ce soit. Et d'autant qu'il est necessaire que vous ayez vn Greffier qui ayt de l'experience & probité, Nous deuëment informez de la suffisance & capacité de nostre amé & feal Conseiller & Greffier en chef de no-

ftrediĉte Cour des Aydes, Maiftre Nicolas
de Planes, Auons iceluy commis & ordonné en ladiĉte charge de Greffier, pour rece-
uoir & expedier tous aĉtes concernans la
prefente commiffion; Auquel enfemble
aux Huiffiers Sergens & autres perfonnes
qui feront employées par vertu de vos Ordonnances, a l'effeĉt & execution de ces
prefentes, fera par vous faiĉt taxe pour
leurs efcritures, iournées & vaccations rai-
fonnablement, ainfi que vous aduiferez en
vos loyautez & confciences, Remettant à
nous en noftre Confeil de vous faire taxe
pour le temps que vous vacquerez à l'execution de nofdiĉts Ediĉts. De ce faire vous
auons donné & donnons pouuoir, commiffion & mandement fpecial par cefdites
prefentes : Mandons à tous nos Officiers,
Iufticiers & fubjeĉts, qu'à vous ce faifant
ils obeyffent, preftent confort & ayde fi
meftier eft, en ce que par vous feroit requis.
Et à tous Huiffiers & Sergens faire tous
commandements, contraintes & autres ex-
ploiĉts requis & neceffaires pour l'execution de ce que diĉt eft, fans pour ce deman-
der congé, placet, vifa, ne pareatis, Non-
obftant oppofitions ou appellations quelf-
conques, Clameur de Haro, Charte Nor-

mande, & autres lettres à ce contraires. La
cognoiſſance deſquelles nous auons inter-
dite & defenduë à toutes nos Cours de
Parlement, Chambres des Comptes, Cours
des Aydes, & autres Iuges, & icelle reſer-
uée en noſtredict Conſeil. Et pour ce que
des preſentes l'on pourroit auoir affaire en
pluſieurs & diuers lieux, Voulons qu'au vidimus d'icelles deuëment collationné par
l'vn de nos amez & feaux Conſeillers, No-
taires & Secretaires, Foy ſoit adjouſtée
comme à l'original, Car tel eſt noſtre
plaiſir. Donné à Poitiers le trentieſme
iour d'Aouſt, l'an de grace mil ſix cens
vingt. Et de noſtre regne l'vnzieſme.
Par le Roy, ſigné, Potier. Et ſcellées du
grand ſceau en cire jaune, ſur ſimple queuë.

*Regiſtrée és Regiſtres de la Court des Aydes en
Normandie, pour eſtre executée ſelon ſa forme &
teneur : ſuiuant l'arreſt de ladiĉte Court, De ce
jourd'huy dixſeptiéme Septembre, mil ſix cens
vingt.*

Signé,   **FOVBERT.** commis.

L OVIS PAR LA GRA-
ce de Dieu, Roy de
France et de Navarre:
A noſtre amé & feal Conſeil-
ler en noſtre Conſeil d'Eſtat,
& Maiſtre des Requeſtes ordinaires de noſtre Hoſtel le Sieur de Montſlaine Hallé,
Deſirant qu'auec les Officiers de noſtre
Court des Aydes de Roüen, par nous depputez pour l'execution de noz Edictz dés
mois de Decembre mil ſix cens dixneuf, &
Feurier dernier, le premier portant vente
& reuente des Greſſes des Eſlections &
Maiſtres Clercs en icelles du reſſort de no-
ſtredite Court des Aydes, auec attribution
de huict deniers pour liure, Et le ſecond
creation d'vn Office de Greffier alternatif
en chacun Grenier à ſel du reſſort de noſtre-
dicte Court, vente d'iceluy, & auec reuente du Greffier ancien, de ſix ſols trois deniers pour Minot de ſel, Il y euſt encores
quelqu'vn de noſtre Conſeil pour nous tenir aduertis de toutes les choſes qui ſe paſſe-
ront à la vente & reuente deſdicts Greſſes
& places, Et pour l'entiere confiance que
nous auós de voſtre integrité & ſuffiſance.
A CES CAVSES, Nous vous
auons commis & depputé, commettons &

B

depputons par ces prefentes, Pour con-
jointement auec lefdicts Officiers de no-
ftredicte Court par nous nommez és lettres de Commiffion que leurs auons à cefte
fin adreffées, Proceder à ladicte vente &
reuente defdicts Greffes & places de Clercs
defdictes Eflections & Greniers à fel à faculté de rachapt perpetuel au plus offrant
& dernier encherifſeur, felon & ainſi qu'il
eft plus particulierement fpecifié par nof-
dictes Lettres patentes en forme de Commiffion adreffante aufdicts Commiffaires,
DE CE FAIRE vous donnons pouuoir,
auctorité, commiffion & mandement fpecial par cefdictes prefentes, Voullant qu'à
vous ce faifant foit obey, C A R tel eft
noftre plaifir. DONNE' à Poitiers le tren-
tiéme iour d'Aouft, l'an de grace mil fix
cens vingt, Et de noftre regne l'vnziéme.
Signé, LOVIS. Et plus bas, P A R
LE ROY. POTIER. Et feellé fur
double queuë du grand feel en cire jaune.

Et àcofté eft efcript.

*Regiftrée és Regiftres de la Court des Aydes en
Normandie, pour eftre executée felon fa forme
& teneur : fuiuant l'arreft de ladicte Court, De
ce jourd'huy dixfeptiéme Septembre, mil fix cens
vingt.*

Signé, FOVBERT. *commis.*

VEV PAR LE ROY
en ſon Conſeil, l'arreſt de
la Chambre des Comptes
de Normandie du ſaizié-
me iour de Septembre
dernier, interuenu ſur l'é-
regiſtremét de l'Edict de ſa Majeſté du mois
de Feburier auſſi dernier, portant creation
en tiltre d'office d'vn Greffier alternatif en
chacun Grenier à ſel de ce Royaume, auec
attribution & au Greffier ancien iuſques à
douze ſols ſix deniers pour Minot de ſel, y
comprins tous les droicts & reuenus que ledict Greffier ancien auoit accouſtumé de
prendre ſur la vente & debit du ſel, Pour
en joüir entr'eulx eſgallement par moitié,
& par leurs mains à chacune ouuerture de
Grenier, où des Greneriers où Commis à la
recepte dudict Grenier à leur choix & option, ſans que ceulx qui en feront la recepte
ſoient tenuz d'en rendre compte, non plus
que des autres droicts qui ſe leuent pour les
autres Officiers deſdits Greniers. Enſem-
ble reuente dudit Greffier ancien, à la charge de remboursement actuel où deuë con-

fignation d'iceluy en cas d'empefchement,
Par lequel arreft ladite Chambre auroit ordonné que ledit Edict feroit regiftré és Regiftres d'icelle pour eftre iceluy executé,
A la charge foubz le bon plaifir de fadicte
Majefté, Que les Greffiers anciens ayant
rachepté leurs Greffes à la derniere reuente
ne feront depoffedez ny leurs offices reuen-
dus, finon apres qu'ils auront refufé de
payer en fes coffres la finance à laquelle il
luy plaira les taxer en fes parties cafuelles
pour leur part de ladicte augmentation,
Que le fondz de ladicte augmentation fera
mis chacun an és mains des Grenetiers en
chacun Grenier pour le payer aufdits Greffiers & en compter, l'eualluation d'icelle
faicte en ladicte Chambre fur le reuenu de
ladite augmétation des fept ou dix années,
dernieres, Et fadicte Majefté fuppliée de
faire faire les adjudications par aucuns des
Prefidens & Maiftres de ladicte Chambre
qu'il luy plaira depputer, Et fa Majefté
ayant efgard que par fondict Edict elle à di-
uifé l'exercice & function gaiges, droicts &
émoluments des anciens Greffiers & attri-
bué moitié d'iceux aux alternatifz, qu'il feroit impoffible fans beaucoup de difficulté,
confufion, longueur & de plainctes, faire

vne liquidation du remboursemēt qu'il cō-
uiendroit faire aufdits anciens à caufe dudit
retranchement & eftimation de la fomme
qu'ils auroient à payer pour ladiĉte nouuelle
attribution, Que tenans leurs offices & les
ayans acquis de fa Majefté foubz la condi-
tion & faculté de rachapt perpetuel, Ils
eftoient hors de tout intereft, les deniers
par eulx payez à fadiĉte Majefté pour leur-
dite acquifition fraiz & loyaux couftz leurs
eftans rendus, & ayant liberté comme tous
autres d'entrer en la nouuelle acquifition
defdits offices pour lareuente qui s'en doibt
faire fuiuant ledĭĉt Ediĉt au plus offrant &
dernier encheriffeur, D'ailleurs que les acquereurs defdiĉts Offices receuroient vn
trop grãd prejudice fi lefdits douze fols fix
deniers pour Minot de fel qui reuiendront
en chacun Grenier à fomme notable paf-
foient par les mains des Grenetiers & y de-
meuroient pendant vne année fuiuant le-
diĉt arreft, & fa Majefté vne furcharge à fes
finances s'ils eftoient obligez d'en compter,
à caufe des droiĉtz & taxations qu'ils pre-
tendroient pour leurs peines & fallaires de
ladiĉte recepte, Encores que ladiĉte attribution fe prenne fur les droiĉtz de fadiĉte
Majefté, pour lefquels ils n'ont iamais eu

aucunes taxations ; Que si l'eualluation de ladicte nouuelle attribution estoit prise sur les sept ou dix années dernieres sa Majesté y seroit trop lezée, à cause que la principalle augmentation des ventes est aduenuë depuis cinq ans que la ferme des Gabelles à esté soigneusement admenagée, & icelle depuis ledict temps maintenuë en mesme estat, sur lesquelles l'estat arresté audit Cōseil pour ladicte eualluation le   iour d'Aoust dernier à esté faict, auquel il ne peut estre rien changé, Et que pour la supplication faite par ladite Chambre à sadicte Majesté de faire faire les adjudicatiōs desdits offices par aucuns Officiers d'icelle, que la cōgnoissance de leur exercice & function, ensemble de la joüissance de leurs droictz, mesmes de leurs gaiges, que les adjudicataires des Gabelles sont tenuz de leur payer appartenant entieremēt à la Court des Aydes, Sadicte Majesté à deputé des Officiers de ladicte Cour pour proceder ausdites adjudications. LE ROY EN SON CONSEIL, sans s'arrester audit arrest de ladicte Chambre en ce qui regarde les modiffications y contenuës par elles remises soubz le bon plaisir de sa Majesté, A ordonné & ordonne, que par les Commissai-

res par elle depputez pour l'execution de
son Edict du mois de Feburier dernier, il sera procedé à la vente & reuente desdits offices de Greffiers anciens des Greniers à sel
du ressort de ladicte Prouince de Normandie, ainsi que des alternatifz nouuellement
creez sur l'estat d'eualluation & estimation
faicte en sondit Conseil le vingt-huictiéme
iour d'Aoust dernier de ladicte attribution
de douze sols six deniers pour Minot de sel,
& les acquereurs desdits Greffes anciés dé-
possedez moyénant le rembourcement de
leur finance, fraiz & loyaux coustz, où deuë
côsignation d'iceux selon les ordónances,
que les nouueaux acquereurs de tous lesdits
Greffes joüirôt desdits xij. sols vj. d. pour
minot, & les perceuront à chacune ouuerture de Grenier par leurs mains, où de leur
compagnó d'office, où bien des Grenetiers
ou Commis à la recepte desdits Greniers à
leur choix & optió, à raisó de ce que mótéra
la vête du iour de ladite ouuerture, Et à ceste fin les officiers dudit grenier en exercice
& le Greffier serôt tenus d'arrester & parapher dans les regiftres dudit Cmis & dudict
Greffier, le nóbre & quantité de sel qui sera
vendu & debité audit iour, faict à ceste fin
hibitions & deffences à tous Grenetiers de

donner aucun trouble ny empeſchement
auſdicts Greffiers en ladicte joüiſſance &
perception de leurſdicts droictz, à peine de
trois mil liures d'amende , & de priuation
de l'exercice de leurs offices, Et à deſchargé
& deſcharge leſdits Grenetiers de compter
deſdicts droictz , encores qu'ils fuſſent requis par leſdicts Greffiers de les reçeuoir
pour eulx , Impoſant pour ce ſilence perpetuel à ſon Procureur General en ladicte
Chambre , Le tout ſuiuant ledict Edict
que ſa Majeſté veut eſtre executé ſelon ſa
forme & teneur. Faict au Conſeil d'Eſtat
du Roy, tenu à Paris le vingtiéme iour d'O-
ctobre, mil ſix cens vingt.

Signé,   BOVER.

OVIS PAR LA
GRACE DE DIEV,
ROY DE FRANCE
ET DE NAVARRE:
A noz améz & feaulx Con-
feillers, Les Commiffaires Generaulx par
nous deputéz pour l'execution de noftre
Edict du mois de Feburier dernier, portant
creatió en tiltre d'office d'vn Greffier alternatif en chacun Grenier à fel de noftre
Royaume Salut. Ayant faict veoir en noftre Cõfeil d'Eftat l'arreft de noftre Chambre des Comptes de Normãdie du xvj. Sep-
tẽbre dernier interuenu fur l'enregiftremẽt
dudit Edict, NOVS fans auoir efgard audit arreft ny aux modifficationa y cõtenuës
& fuiuant l'arreft de noftredict Confeil cy
attaché foubz le contrefeel de noftre Chã-
celerie. VOVS mandons & expreffé-
ment enjoignoms par ces prefentes fignées
de noftre main, Qu'ayez à proceder à la
vente & reuente des offices de Greffiers an-

C

tiens des Greniers à fel du reffort de noftre-
dite Prouince de Normandie, Ainfi que des
alternatifz nouuellement crées fur l'eftat
éualuation & eftimation faicte en noftredit
Confeil le xxviij. Aouft dernier, auec l'attribution de douze fols fix deniers pour Minot de fel y compris les antiens droictz, Et
à ceft effect dépoffeder les acquereurs des
Greffes antiens moyennant le rembourfement de leur finance que leur ordonnerez
fraiz & loyaux couftz, où deuë confignatiõ
d'iceluy felon voz Ordonnances, Et faire
jouyr les nouueaux acquereurs de tous lefdicts Greffes defdicts douze fols fix deniers
pour Minot, & iceulx percepuoir à chacune ouuerture de grenier par les mains où
de leur compaignon d'office, où bien des
Grenetiers & Commis à la recepte defdicts
Greniers à leur choix & option, à raifon de
ce que montera la vente du iour de ladicte
ouuerture, Et qu'à cefte fin que les Officiers defdicts Greniers eftant en exercice &
lefdicts Greffiers foient tenus d'arrefter &
parapher dans les regiftres dudict Commis
& dudict Greffier le nombre & quantité de
fel qui fera vendu & debitté audict iour.
DE CE FAIRE & pour l'entiere execution de noftredict Edict & Arreft tout ce

que verrez eftre à faire, Vous auons donné & donnons plain pouuoir commiffion
& Mandemēt fpecial par cefdites prefentes.
Mandōs & cōmandons en outre au premier
noftre Huiffier où Sergent fur ce requis, fi-
gniffier noftredit arreft à ceulx qu'il appartiendra : à ce qu'ils n'en pretendent caufe
d'ignorance, Et faire tres-expreffes inhibi-
tions & deffences de par nous à tous Grenetiers de dōner ancun trouble ny empefchement aufdicts Greffiers en la perception de
leurs droictz, à peine de trois mil liures d'a-
mende & de priuation de l'exercice de leurs
offices, Lefquels Grenetiers nous auōs def-
chargez & defchargeons par cefdictes prefentes de compter defdicts droictz, encores
qu'ils fuffent requis par lefdicts Greffiers de
les recepuoir pour eulx, Impofant pour ce
filence à noftre Procureur General en ladicte Chambre,, Sans que noftredit Huiffier
où Sergent foit tenu pour ce demāder congé ne pareatis, Et d'autant que de noftredit
arreft & des prefentes l'on pourra auoir affaire en plufieurs & diuers lieux : Nous voulons qu'au vidimus d'iceux deuëment faicte
par l'vn de noz améz & feaulx Confeillers
& Secretaires foy foit adjouftée cōme aux
originaulx, C A R Tel eft noftre plaifir.

Donné à Paris le vingtiéme iour d'Octo-
bre, l'an de grace mil six cens vingt. Et de
noſtre Regne l'vnziéme. Signé LOVIS.
Et plus bas,   PAR LE ROY.
POTIER.   Et ſeellé en ſimple queuë du
grand ſeel en cire jaune, Auec vn contre-
ſeel en marge.

Et à coſté eſt eſcript,

*Publié en l'audience deſdiĉts Sieurs Commiſſaires
tenauë le   iour de   mil ſix
cens vingt , Et ordonné quelle ſera regiſtrée au
Greffe de ladiĉte Commiſſ... pour auoir lieu, ſuiuant l'arreſt dudiĉt Conſeil.*

Signé,   DEPLANES.

EXTRAICT DES REGISTRES
du Conseil d'Estat.

LE ROY ayant par son Edict du mois de Feburier dernier, regiſtré en ſa Chambre des Comptes & Court des Aydes à Par..., portát creation d'vn office de Greffier hereditaire alternatif en chacun Grenier à ſel de ce Royaume & reuente de l'ancien Greffier cy deuát eſtably eſdits Greniers, que vente dudit alternatif: Ordonné entr'autres choſes qu'il ſera expedié & deliuré aux acquereurs d'iceulx des actes d'adjudication & lettres de prouiſion, pour eſtre mis en plaine poſſeſſion deſdicts offices, En joüir par eulx, leurs hoirs, & ayát cauſe, aux droictz declarez par ledict Edict, cóme de leur propre choſe, vray & loyal

acqueſt, en prenât toutesfois par leſdits
hoirs, où ayant cauſe, nouuelles lettres
de prouiſion de ſadite Majeſté aux mu-
tations, ſans pour ce payer aucune nouuelle finance : Et neantmoins ſon inté-
tion n'ayant eſté d'abſtraindre leſdicts
acquereurs & leurſdicts hoirs à autres
formes que celles auſquelles eſtoiét re-
nus les poſſeſſeurs deſdits antiens Greffes, pour eſtre & leurs hoirs & ayát cauſe, mis & conſeruez en la joüiſſance &
poſſeſſion de leurſdits offices & les faire
exercer; SADICTE Majeſté deuëmét
informée que leſdits poſſeſſeurs deſdits
antiens Greffes deſdicts Greniers à ſel,
non plus que les autres acquereurs de
pareilz offices en heredité, ne ſont obligez par les Edictz de leurs eſtabliſſe-
ment, vente & reuente, prendre & leuer
que leurs quittances d'engagement &
contract d'adjudication, pour tenir &
poſſeder leſdits offices, & qu'il eſt à leur
choix & option de prendre lettres de

ratiffication en ſa grande Chancellerie:
Et deſirant leuer tout doubte aux acquereurs deſdicts offices de Greffiers
deſdicts Greniers à ſel, & ne les aſſubie-
ctir à autres formes , & prendre autres
tiltres que les autres. A ORDONNE'
& ordonne que tous acquereurs deſdits
offices de Greffiers anciens & alternatifz deſdicts Greniers à ſel, ordonnez
eſtre mis & expoſez en vente par ledict
Edict du mois de Feburier dernier,
leurs hoirs, ſucceſſeurs, & ayans cauſe,
feront mis & conſeruez en poſſeſſion &
ioüiſſance deſdicts offices & droictz y
appartenants, ſuiuant ledict Edict, en
vertu ſeulement de la quittance de la finance qu'ils payeront és mains du Tre-
ſorier de ſes parties Caſuelles Maiſtre
Nicolas Seruient , Pour l'acquiſition
deſdicts offices & du contract d'adiudi-
cation, qui leur ſera deliuré par les
Commiſſaires depputez pour l'execution dudict Edict, Et permis aux poſ-

sesseurs desdits offices de les exercer ou
faire exercer par procureurs ou fer-
miers, le tout seló & ainsi qu'il en à esté
vsé par les possesseurs desdicts offices de
Greffiers anciens desdicts Greniers à
sel, leurs hoirs, & ayans cause, au para-
uant ledict Edict du moys de Feburier,
& sans qu'ils soient tenus de prendre
aucunes lettres de prouision, ains seule-
ment de ratiffication. Faict au Conseil
d'Estat du Roy, tenu à Paris, le vingt-
troisiéme iour de Mars, mil six cens
vingt.

Signé,   MALIER.